Karine Tournade

Pourquoi les pandas sont-ils noirs et blancs ?

d'après une légende chinoise

Pour Maleaume...

Illustré par Julie Mellan

© Lire c'est partir - ISBN : 978-2-35024-286-6

Il y a très longtemps,
dans une forêt de Chine,
vivait une famille de pandas.

À cette époque,
les pandas étaient blancs,
tout blancs, entièrement blancs !

Ils avaient recueilli une petite fille abandonnée.
Elle s'appelait Niwa. Niwa était toujours triste.
Pour se consoler, elle aimait se blottir dans la fourrure chaude et blanche de ces géants si doux.

Mais un jour un léopard des neiges enleva la petite Niwa et l'emmena dans la forêt profonde.
Les pandas furent si tristes qu'ils se mirent à pleurer.

Et de leurs grosses pattes sales, ils se frottèrent les yeux pour essuyer leurs larmes. Pour se consoler, ils se serrèrent fort les uns contre les autres.

Et pour ne plus s'entendre pleurer,
ils posèrent leurs grosses pattes sales
sur leurs oreilles.

Les pandas étaient inconsolables.

Pourtant, alors que les pandas la pensaient à jamais perdue, un jour, Niwa réapparut. Elle était parvenue à échapper au méchant léopard des neiges.

Quelle joie pour les pandas !
Niwa éclata de rire en découvrant ses amis
noirs et blancs.

Et on raconte que depuis ce jour-là,
pour que Niwa ne cesse de rire aux éclats,
jamais plus la fourrure des pandas ne changea...